DE L'EDUCATION. Pensées de Léon Tolstoy.
Prix: 30 cent.; 6 d.; 15 kr.; 60 Pfg 87 heil.; 40 kop.

Л. Н. ТОЛСТОЙ.

МЫСЛИ О ВОСПИТАНІИ
И ОБУЧЕНІИ.

Собранныя

Владиміромъ Чертковымъ.

Изданіе „Свободнаго Слова“

№ 77.

A. Tchertkoff.
Christchurch, Hants, England.
1902.

Л. Н. ТОЛСТОЙ.

МЫСЛИ О ВОСПИТАНІИ
И ОБУЧЕНІИ.

Собранныя

Владиміромъ Чертковымъ.

Изданіе „Свободнаго Слова"

№ 77.

A. Tchertkoff.
Christchurch, Hants, England.
1902.

ПРЕДИСЛОВІЕ ОТЪ ИЗДАТЕЛЬСТВА.

Въ настоящее время вопросъ о выработѣ новой системы воспитанія и обученія дѣтей стоитъ едва ли не на первой очереди въ ряду другихъ передовыхъ и преобразовательныхъ движеній человѣчества, т. е. той части его, которое доросло до сознанія необходимости свободнаго и равномѣрнаго развитія жизни. Уже давно раздаются голоса о несостоятельности нашихъ педагогическихъ системъ, какъ школьныхъ, такъ и домашнихъ, только дрессирующихъ дѣтей внѣшнимъ образомъ, но не воспитывающихъ ихъ душу и характеръ и производящихъ безвольныхъ, развинченныхъ, неврастениковъ или черствыхъ эгоистовъ и карьеристовъ. Тѣ же счастливыя натуры, которымъ удается сохранить кое-что хорошее изъ того, чѣмъ надѣлила ихъ природа, — обязаны этимъ, разумѣется, не самому воспитанію, но, *вопреки* ему, какимъ-нибудь постороннимъ вліяніямъ и впечатлѣніямъ дѣйствительной жизни.

Сколько ломки и душевной муки приходится выносить нашему молодому поколѣнію, знаетъ и помнитъ по своему личному опыту всякій, въ комъ не вполнѣ было вытравлено чутье правды и добра. Награды и наказанія, поощренія тщеславія и устрашенія, искуственно вызываемая конкуренція, повиновеніе безъ разсужденія, стѣсненіе свободы, скучныя нотаціи, религіозное лицемѣрѣ и убійственно холодная дисциплина — вотъ главнѣйшія орудія современнаго воспитанія дома и въ школѣ — повсюду, въ Россіи, какъ и во всей Европѣ, — въ интеллигентныхъ и богатыхъ семьяхъ по преимуществу.

Вотъ противъ этой-то рутины и возстаетъ Л. Н. Толстой, уже съ молодыхъ лѣтъ почувствовавшій всю фальшь и ложь нашего воспитанія и обученія и впервые высказавшійся объ этомъ въ своихъ, создавшихъ эпоху, статьяхъ „О Народномъ Образованіи" (1862 г.). Статьи эти, составляющія, какъ всѣмъ извѣстно, плодъ его собственной педагогической дѣятельности въ деревнѣ, среди крестьянъ, — поразили тогда же все русское общество новизною и неотразимой убѣдительностью своихъ взглядовъ. Тѣмъ, кто бывалъ въ сношеніяхъ съ идейными тружениками по дѣлу народнаго образованія, — извѣстно, какое огромное вліяніе на ихъ взгляды и отношенія къ своей педагогической дѣятельности имѣли взгляды Толстого на преподаваніе и обращеніе съ дѣтьми, выраженные какъ въ этихъ статьяхъ, такъ и въ его художественныхъ произведеніяхъ, дающихъ намъ неподражаемо живые, столь близкіе всѣмъ намъ дѣтскіе образы („Дѣтство, Отрочество и Юность", „Война и Миръ", „Анна Каренина" и др.). О томъ же, какую огромную роль придаетъ Л. Н. Толстой вліянію женщинъ на развитіе истиннаго просвѣщенія, — мы уже знаемъ изъ его горячаго обращенія къ женщинамъ-матерямъ въ его сочиненіи: „Такъ что же намъ дѣлать?"

Всю жизнь Левъ Николаевичъ не переставалъ интересоваться вопросами воспитанія и обученія и всегда близко къ сердцу принималъ все, что касается дѣтскаго міра; и, то скорбя, то радуясь, продолжалъ высказывать свои взгляды на этотъ предметъ, излагая въ письмахъ и дневникахъ своихъ или въ бесѣдахъ съ друзьями тѣ выводы, къ которымъ онъ приходилъ на основаніи своихъ наблюденій и размышленій. Глубокое, любовное проникновеніе въ каждый изучаемый имъ предметъ и, въ данномъ случаѣ, въ міръ дѣтской души и въ отношеніи къ нимъ взрослыхъ, — даетъ неотразимую силу убѣдительности его слову и, какъ намъ кажется, должно привлекать къ нему сердца всѣхъ, искренно желающихъ болѣе свободной, лучшей доли возрастающимъ поколѣніямъ. И вотъ для людей, уже признательныхъ Толстому за многое, что онъ имъ далъ и даетъ, будетъ — мы въ томъ не сомнѣваемся — радостно и обозрительно познакомиться со взглядами на воспитаніе величайшаго изъ современныхъ сердцевѣдцевъ и знатоковъ жизни.

Въ настоящее время, когда вопросъ о „свободной школѣ" подняли въ заграничной печати и вызвалъ горячій интересъ въ русской публикѣ, — къ мыслямъ Толстого по этому предмету, какъ бы незакончены и отрывочны онѣ ни были, слѣдуетъ прислушиваться всѣмъ намъ, особенно матерямъ и воспитателямъ, ищущимъ новыхъ путей жизни для себя и своихъ дѣтей. Мысли, собранныя здѣсь, представляютъ часто только намеки, отдѣльные штрихи; но по этимъ штрихамъ, какъ по вѣхамъ на намѣченномъ пути, можно идти дальше, разрабатывая эту область, какъ въ теоріи, такъ и на практикѣ, во всѣхъ подробностяхъ... И стоитъ положить силы на это великое дѣло.

Для Толстого и воспитаніе, и религія неразрывно связаны между собою и неотдѣлимы отъ самой жизни. Для того, чтобы понимать, какъ лучше жить, надо прежде всего всякому человѣку опредѣлить свое отношеніе къ высшему Началу, давшему ему жизнь и разумъ, и — къ себѣ подобнымъ. Для того же, чтобы устроить жизнь будущихъ поколѣній лучше — свободнѣе и любовнѣе, чѣмъ наша, нужно воспитывать или, вѣрнѣй, перевоспитывать себя согласно своему выработанному жизнепониманію и, одновременно съ этимъ, примѣромъ своимъ уже воспитывать своихъ или чужихъ дѣтей.

Въ этомъ и состоитъ задача истиннаго „просвѣщенія", какъ понимаетъ его Толстой.

Съ предметомъ настоящаго сборника тѣсно связанъ вопросъ объ истинномъ значеніи *науки* вообще. Но Л. Н. Толстой такъ много высказалъ по этому поводу, что мы нашли болѣе удобнымъ отложить этотъ матеріалъ для отдѣльнаго изданія.

Въ этомъ сборникѣ мы помѣщаемъ всѣ тѣ „Мысли" Л. Н. Толстого, касающіяся непосредственно *воспитанія и обученія* дѣтей, которыя намъ удалось собрать по письмамъ къ разнымъ лицамъ и дневникамъ его за періодъ 1887 — 1901 года.

Первый, самый большой отрывокъ представляетъ начатую статью, но къ сожалѣнію недокончанную по болѣзни автора, составлявшую первоначально содержаніе письма къ друзьямъ (П. И. и П. П. Бирюковымъ), въ прошломъ 1901 году. Убѣдившись, что врядъ ли ему скоро удастся взяться снова за дальнѣйшую обработку и продолженіе ея, — Левъ Николаевичъ недавно далъ намъ разрѣшеніе воспользоваться ею въ настоящемъ ея видѣ, за что, мы увѣрены, всѣ, прочитавшіе эту книжку, вмѣстѣ съ нами, будутъ ему глубоко признательны.

А. Ч.

Christchurch, май 1902 г.

Мысли
о воспитаніи и обученіи.

I.

Основа всякой человѣческой жизни есть религіозное жизнепониманіе. На основаніи религіи складывается вся жизнь человѣка и направляется вся его дѣятельность, и потому понятно, что воспитаніе — т. е. приготовленіе людей къ жизни и дѣятельности — должно быть основано на религіи.

У насъ же въ нашемъ, такъ называемомъ, культурномъ мірѣ религія не только не признается основой воспитанія, не только не признается важнымъ и нужнымъ между другими предметами, но считается однимъ изъ самыхъ послѣднихъ, ненужныхъ предметовъ, который, какъ пережитокъ старины (въ который никто серьезно не вѣритъ), для приличія, кое-какъ преподается въ школахъ. Понятно, что при такомъ условіи воспитаніе не можетъ быть разумно, а все превратно, и, говоря о воспитаніи, надо начинать все сначала.

Въ основу всего должно стать религіозное ученіе такое, какое было бы согласно съ степенью просвѣщенія людей безъ различія національностей и положеній.

Такимъ религіознымъ ученіемъ очевидно не можетъ быть ни католичество, ни православіе, ни протестантство, ни магометянство, ни еврейство, или буддизм, основывающіяся на довѣріи къ извѣстнымъ пророкамъ, а можетъ быть только ученіе, оправдываемое разумомъ, сердечнымъ стремленіемъ и опытомъ каждаго человѣка. И такое ученіе есть — ученіе христіанское въ самомъ простомъ и разумномъ его выраженіи.

Религіозная основа жизни состоитъ въ томъ, что жизнь наша не имѣетъ другого смысла, какъ исполненіе воли того безконечнаго Начала, котораго мы сознаемъ себя частью; воля же этого начала въ единеніи всего живого, — для людей прежде всего выражающаяся въ братствѣ ихъ между собою, въ служеніи другъ другу.

Единеніе же и служеніе другъ другу составляютъ смыслъ и дѣло жизни, потому что такова воля того Начала, которое правитъ, руководитъ міромъ и составляетъ основу нашего существованія.

Вся дѣятельность воспитанія должна не только быть основана, но и руководиться этой основой: все, что въ воспитаніи содѣйствуетъ единенію существъ — братству людей, все это должно быть поощряемо; все же разъединяющее, напротивъ, должно быть устраняемо. Все, что болѣе содѣйствуетъ этой цѣли, то должно быть поставлено прежде, что менѣе, то — послѣ.

Что же такое воспитаніе и въ чемъ состоитъ оно?

Для того, чтобы отвѣтить точно на этотъ вопросъ, необходимо съ извѣстной стороны вообще опредѣлить свойства человѣческой дѣятельности.

Свойство всякой человѣческой дѣятельности таково, что — это хорошо знаютъ психіатры — если человѣкъ находится въ состояніи гипноза или идіотизма, т. е. нѣтъ въ немъ никакихъ внутреннихъ мотивовъ дѣятельности, то онъ подчиняется первому внушенію, которое воздѣйствуетъ на него большею частью въ видѣ подражанія того, что онъ видитъ, или повторенія того, что онъ сдѣлалъ : ему скажутъ, чтобы онъ шелъ, и онъ будетъ итти и у стѣны будетъ продолжать двигать ногами, какъ будто идетъ. Поднесутъ ему ложку ко рту, и онъ будетъ подносить ложку во рту до тѣхъ поръ, пока его не остановятъ. Такъ поступаютъ загипнотизированные или идіоты; но и всѣ здравомыслящіе люди имѣютъ это свойство — подчиняться внушенію чужому или своему. Повторяйте какое-нибудь слово и задумайтесь о другомъ или развлекитесь чѣмъ-либо, и вы безсознательно будете повторять то же слово. То же и съ поступками. Свойство это, представляющееся столь жалкимъ въ идіотѣ, есть свойство очень важное и нужное для людей. Если бы человѣкъ долженъ былъ думать о каждомъ своемъ поступкѣ, онъ не могъ бы отдаваться ходу своихъ мыслей и рѣшать вопросы науки и жизни. Эта же способность подчиненія внушенію чужихъ и своему даетъ ему возможность мыслить.

Всякій изъ насъ дѣлаетъ только малую часть своихъ поступковъ сознательно, а поступаетъ по своему или чужому внушенію. Чѣмъ сильнѣе человѣкъ духовно, тѣмъ онъ меньше подчиняется чужому внушенію, а подчиняется своему собственному, и наоборотъ. И потому, кромѣ врожденной большей или меньшей духовной силы человѣка, чѣмъ старше человѣкъ, тѣмъ онъ менѣе подчиняется чужимъ вліяніямъ, и чѣмъ моложе, тѣмъ больше онъ воспріимчивъ къ чужимъ внушеніямъ.

На этомъ-то свойствѣ людей основано воспитаніе.

Эта ихъ способность ко внушенію отдаетъ дѣтей въ полную власть старшихъ, и потому ясно, какое важное значеніе должно имѣть для дѣтей то, чтобы они подвергались не лживымъ и недобрымъ, а только правдивымъ и добрымъ внушеніямъ.

Все, изъ чего складывается воспитаніе дѣтей — отъ молитвъ, басенъ, математики, танцевъ, до оцѣнки поступковъ чужихъ и своихъ, признавая одни хорошими, другіе дурными, — все это передается внушеніемъ. Все то, чему мы умышленно учимъ дѣтей, какъ предметы науки или ремеслъ, есть сознательное внушеніе; все то, чему независимо отъ нашего желанія подражаютъ дѣти — въ особенности въ нашей жизни, въ нашихъ поступкахъ, проводя между ними черту хорошаго и дурного, — есть безсознательное внушеніе.

Сознательное внушеніе это то, что называется образованіемъ; безсознательное — это то, что называется, въ тѣсномъ смыслѣ, воспитаніемъ, и которое я назову *просвѣщеніемъ*, въ отличіе отъ общаго понятія воспитанія, включающаго въ себѣ то и другое воздѣйствіе.

На образованіе въ нашемъ обществѣ направлены всѣ усилія, просвѣщеніе же невольно вслѣдствіе того, что наша жизнь дурна, т. е. непросвѣщенна, находится въ пренебреженіи.

Люди, воспитатели, или — самое обыкновенное — скрываютъ свою жизнь и вообще жизнь взрослыхъ отъ дѣтей, ставя ихъ въ исключительныя условія (корпуса, институты и т. п.), или переводятъ то, что должно происходить безсознательно, въ область сознательнаго: предписываютъ религіозныя нравственныя правила, при которыхъ необходимо прибавлять: fais ce que je dis, mais ne fais pas ce que je fais. Отъ этого происходятъ то, что въ нашемъ обществѣ такъ несоотвѣтственно далеко ушло образованіе, и такъ не только отстало, но отсутствуетъ истинное просвѣщеніе. Если гдѣ оно и есть, то только въ бѣдныхъ рабочихъ семьяхъ, если члены семей этихъ не подвержены порокамъ свойственнымъ бѣдности. А между тѣмъ изъ двухъ сторонъ воздѣйствія на дѣтей, безсознательнаго и сознательнаго, безъ всякаго сравненія важнѣе и для отдѣльныхъ личностей, и для общества людей — первое т. е. безсознательное, нравственное просвѣщеніе.

Живетъ какая-нибудь семья rentier, землевладѣльца, чиновника, даже художника, писателя, буржуазной жизнью, не пьянствуя, не распутничая, не бранясь, не обижая людей, и, считая себя нравственной, хочетъ дать нравственное воспитаніе дѣтямъ, но несмотря на искреннее желаніе и стараніе — такое воспитаніе никогда не удается. А не удается оно оттого, что та безнравственность жизни, которою живетъ эта семья, не братски пользуясь вынужденными трудами другихъ людей, незамѣтная привыкшимъ къ этой жизни старшимъ, — рѣжетъ глаза чистымъ дѣтямъ и извращаетъ ихъ понятія о добрѣ. Дѣти будутъ слушать правила о нравственности, объ уваженіи къ людямъ, но безсознательно будутъ не только подражать, но и усвоятъ себѣ какъ правило то, что одни люди призваны пачкать сапоги и платье, а другіе — чистить, одни — готовить кушанья, а другіе — ѣсть ихъ, и т. п. Внушить дѣтямъ, живущимъ въ такой средѣ, истинное понятіе нравственности такъ же невозможно, какъ воспитать въ любви къ трезвости ребенка, который будетъ видѣть вокругъ себя только пьющихъ и котораго самого будутъ поить виномъ. Ребенокъ чувствуетъ постепенность, удѣльный вѣсъ добродѣтели, ясно видитъ, чего уже не видятъ старшіе, что основа всѣхъ добродѣтелей есть братство людей. Если же оно нарушается тѣмъ, что за деньги, которыхъ у нихъ нѣтъ, отрываютъ его няню и горничную отъ семьи, заставляя служить ему, чужому ребенку, то онъ смутно, но несомнѣнно рѣшаетъ, что всѣ остальныя добродѣтели не нужны, и ни во что уже не вѣритъ.

Никакія проповѣди религіозныя или нравственныя не избавятъ дѣтей людей, живущихъ на деньги, отобранныя отъ другихъ, и заставляющихъ служить себѣ, — отъ безсознательнаго безнравственнаго внушенія, которое остается въ нихъ на всю жизнь, извращая всѣ ихъ сужденія объ явленіяхъ жизни.

Такъ что для того, чтобы самое важное, безсознательное внушеніе, т. е. воспитаніе было хорошее, нравственное, нужно — странно сказать — чтобы жизнь воспитателей была хороша. И хороша — не случайно хороша въ нѣкоторыхъ подробностяхъ, а чтобы ея основы были хороши. Самая безукоризненная жизнь убійцъ, живущихъ плодами убійствъ, не можетъ произвести нравственнаго вліянія на воспитывающихся въ ихъ средѣ дѣтей.

Но вы скажете: что назвать хорошей жизнью?

Степени хорошества суть безконечныя, но одна есть общая и главная черта хорошей жизни: это стремленіе къ совершенствованію въ любви. Вотъ это если есть въ воспитателяхъ, и если этимъ заразятся дѣти, то воспитаніе будетъ не дурное.

Для того, чтобы воспитаніе дѣтей было успѣшно, надо чтобъ воспитывающіе люди не переставали воспитывать себя, помогали бы другъ другу все болѣе и болѣе осуществлять то, къ чему стремятся. Средствъ для этого, кромѣ главнаго внутренняго — работы каждаго человѣка надъ своей душой, можетъ быть очень много. Надо искать ихъ, обдумывать, прилагать, обсуждать. Я думаю, что критицизмъ, который употребляется у перфекціонистовъ, хорошее средство... Хорошо, думаю, отыскивая самыхъ несчастныхъ людей, отталкивающихъ физически или нравственно, пытаться служить имъ. Хорошо, думаю, пытаться сходиться съ врагами, ненавидящими насъ. Это я пишу наобумъ au courant de la plume, но думаю, что это цѣлая и важнѣйшая область науки, которая совершенно заброшена въ наше время и которая необходима для воспитанія. Только бы мы сознали важность этой стороны воспитанія, и мы бы разработали ее. (Это намеки на одну сторону дѣла — воспитанія).

Вотъ въ общихъ чертахъ то, что я думаю о воспитаніи. И это не общія разсужденія, остающіяся разсужденіями. А если мы признаемъ справедли-

вость этого, то навѣрное общими силами постара-
емся выработать и практическіе пріемы этого не-
обходимаго для воспитанія непереставающаго совер-
шенствованія воспитателей.

Пріемы эти существуютъ, и слѣдуетъ только
собрать ихъ во едино, но, кромѣ того, если мы
только согласимся, что это есть важнѣйшая наука,
то сумѣемъ и найти средства основать и развить
ее.

Это о воспитаніи.

Теперь объ образованіи.

Объ образованіи я думаю вотъ что: образованіе,
или вообще наука, ученіе, есть вѣдь не что иное,
какъ передача того, что думали и выражали по
разнымъ отраслямъ знанія самые умные и хорошіе
люди. Умные же и хорошіе люди думали и выражали свои мысли всегда въ трехъ разныхъ напра-
вленіяхъ:

1) въ философски-религіозномъ — о значеніи об-
щей и своей жизни — (религія и философія);

2) въ направленіи опытномъ, дѣлая выводы изъ
извѣстнымъ образомъ обставленныхъ наблюденій
(естественныя науки, механика, физика, химія,
физіологія);

3) думали въ направленіи логическомъ, дѣлая
выводы изъ положеній своей мысли (математика и
математическія науки).

Всѣ эти три рода наукъ удовлетворяютъ критерію
братства людей, всѣ они космополитичны и доступ-
ны всѣмъ людямъ, и всѣ эти науки суть настоящія
науки — такія, подъ знанія которыхъ нельзя под-
дѣлаться, въ которыхъ не можетъ быть полузнанія
— знаешь или не знаешь.

Всѣ же науки, не подходящія подъ эти требованія,
какъ науки богословскія, юридическія и спеціально-
историческія, суть науки вредныя и должны быть
исключены.

Но кромѣ того, что существуютъ три отрасли

наукъ, существуютъ и три способа передачи этихъ знаній.

Первый способъ, самый обычный, передачи слово по слову на разныхъ языкахъ, и потому является еще наука — языки — опять соотвѣтственно критерію братства людей. (Можетъ быть и нужно преподаваніе эсперанто*), если бы было время и ученики желали бы).

Второй способъ это пластическое искусство, рисованіе, лѣпка, наука о томъ, какъ для глаза передать то, что знаешь, другому.

И третій способъ музыка, пѣніе — наука какъ передать свое настроеніе, чувство.

Кромѣ этихъ шести отраслей преподаванія долженъ быть введенъ еще 7-ой — преподаваніе мастерства, и опять соотвѣтствующее критерію братства, т. е. такое, которое всѣмъ нужно: столярное, плотничье, швейное...

Такъ что преподаваніе распадается на 7 предметовъ. Какую часть времени употребить на каждое, кромѣ обязательнаго труда для своего обслуживанія, рѣшатъ склонность каждаго ученика.

Мнѣ представляется такъ: преподаватели для себя распредѣляютъ часы, но ученики вольны приходить или нѣтъ.

Какъ ни странно это кажется намъ, такъ уродливе поставившимъ образованіе, полная свобода обученія, т. е., чтобы ученикъ, ученица сами бы приходили учиться, когда хотятъ, есть conditio sine qua non всякого плодотворнаго обученія такъ же, какъ conditio sine qua non питанія есть то, чтобы питающемуся хотѣлось ѣсть. Разница только въ томъ, что въ матеріальныхъ дѣлахъ вредь отступленія отъ свободы сейчасъ же проявляется — сейчасъ же будетъ рвота или разстройство желудка; въ духовныхъ же вредныя послѣдствія проявятся не такъ скоро, можетъ быть, черезъ года.

---

*) „Esperanto“ — международный языкъ. Ред.

Только при полной свободѣ можно вести лучшихъ учениковъ до тѣхъ предѣловъ, до которыхъ они могутъ дойти, а не задерживать ихъ ради слабыхъ, а эти лучшіе ученики — есть самые нужные. Только при свободѣ можно избѣжать обычнаго явленія: вызываніе отвращенія къ предметамъ, которые въ свое время и свободно были бы любимы; только при свободѣ возможно узнать, къ какой спеціальности какой ученикъ имѣетъ склонность, только свобода не нарушаетъ воспитательнаго вліянія. А то я буду говорить ученику, что не надо въ жизни насилія, а надъ нимъ буду совершать самое тяжелое умственное насиліе. Знаю я, что это трудно, но что же дѣлать, когда поймешь, что всякое отступленіе отъ свободы губительно для самаго дѣла образованія. Да и не такъ трудно, когда твердо рѣшишься не дѣлать глупаго. Я думаю, что надо такъ: А. отъ 2 до 3 даетъ урокъ математики, т. е. ученія тому, что хочетъ знать ученикъ въ этой области. В отъ 3 до 5 рисованію и т. д. Вы скажете: а самые маленькіе? — Самые маленькіе, если ведутся правильно, сами всегда просятся и любятъ акуратность, т. е. подчиняются гипнозу подражанія: вчера былъ послѣ обѣда урокъ и нынче онъ послѣ обѣда желаетъ урока...

Вообще, грубо представляется мнѣ распредѣленіе времени и предметовъ такъ: Всѣхъ часовъ бдѣнія 16. Половину изъ нихъ полагаю съ перемежками отдыха, игры (чѣмъ моложе, тѣмъ длиннѣе) на воспитаніе, въ тѣсномъ смыслѣ — просвѣщеніе, т. е. на работу для себя, семьи и другихъ: чистить, носить, варить, рубить и т. п.

Другую половину отдаю ученію. Предоставляю ему избирать изъ 7 предметовъ то, къ чему его тянетъ. Все это, какъ видите, написано кое-какъ. Я буду еще, если Богъ велитъ, перерабатывать это...

Мнѣ еще хочется добавить то, что я бы не совѣтовалъ ничего затѣвать новаго, какъ переѣздъ на другое мѣсто или какое-либо теоретическое предопредѣленіе того, какая должна быть школа, не совѣтовалъ бы и приглашать ни учителей, помощниковъ, ни учениковъ, а пользоваться тѣми условіями, какія есть, развивая или скорѣе предоставляя развиваться дальнѣйшему.

Прибавлю еще о рисованіи и музыкѣ... Обученіе на фортепіано есть рѣзкій признакъ ложно поставленнаго воспитанія. Какъ въ рисованіи, такъ и въ музыкѣ дѣти должны быть обучаемы, пользуясь самыми всегда доступными средствами (въ рисованіи — мѣломъ, углемъ, карандашемъ, въ музыкѣ — своей глоткой умѣть передавать то, что они видятъ или слышатъ). Это начало. Если бы послѣ — что очень жалко — для исключительныхъ оказалось особенное дарованіе, тогда можно учиться писать масляными красками или играть на дорогихъ инструментахъ.

Для обученія этой элементарной грамотѣ рисовальной и музыкальной, я знаю, что есть хорошія, новыя руководства.

Для обученія же языкамъ — чѣмъ больше, тѣмъ лучше — я думаю надо учить французскому, нѣмецкому непремѣнно, англійскому и эсперанто, если можно. И учить надо, предлагая имъ читать знакомую по-русски книгу, стараясь понимать общій смыслъ, попутно обращая вниманіе на нужнѣйшія слова, корни словъ и грамматическія формы...

II *)

О воспитаніи я думалъ очень много. Бываютъ вопросы, въ которыхъ приходишь къ выводамъ сомнительнымъ, и бываютъ вопросы, въ которыхъ выводы, къ которымъ пришелъ, окончательные, и чувствуешь себя не въ состояніи ни измѣнить ихъ, ни прибавить къ нимъ что-либо. Таковы выводы, къ которымъ я пришелъ о воспитаніи. Они слѣдующіе.

Воспитаніе представляется сложнымъ и труднымъ дѣломъ только до тѣхъ поръ, пока мы хотимъ, не воспитывая себя, воспитывать своихъ дѣтей или кого бы то ни было. Если же поймешь, что воспитывать другихъ мы можемъ только черезъ себя, то упраздняется вопросъ о воспитаніи, и остается одинъ вопросъ жизни: Какъ надо самому жить? потому что не знаю ни одного дѣйствія воспитанія дѣтей, которое не включалось бы въ воспитаніи себя. Какъ одѣвать, какъ кормить, какъ класть спать, какъ учить дѣтей? Точно такъ же, какъ себя. Если отецъ, мать одѣваются, ѣдятъ, спятъ умѣренно, и работаютъ, и учатся, то дѣти будутъ то же дѣлать.

Два правила я бы далъ для воспитанія: самому не только жить хорошо, но работать надъ собой, постоянно совершенствуясь, и ничего не скрывать изъ своей жизни отъ дѣтей. Лучше,

---

*) Выдержки изъ писемъ и дневниковъ за 1887 — 1901 г. г.
                                                                    Ред.

чтобы дѣти знали про слабыя стороны своихъ родителей, чѣмъ то, чтобы они чувствовали, что есть у ихъ родителей скрытая отъ нихъ жизнь и есть показная. Всѣ трудности воспитанія вытекаютъ отъ того, что родители, не только не исправляясь отъ своихъ недостатковъ, но даже не признавая ихъ недостатками, оправдывая ихъ въ себѣ, хотятъ не видѣть эти недостатки въ дѣтяхъ. Въ этомъ вся трудность и вся борьба съ дѣтьми. Дѣти нравственно гораздо проницательнѣе взрослыхъ и они — часто не выказывая и даже не сознавая этого — видятъ не только недостатки родителей, но и худшій изъ всѣхъ недостатковъ — лицемѣріе родителей и теряютъ къ нимъ уваженіе и интересъ ко всѣмъ ихъ поученіямъ.

Лицемѣріе родителей при воспитаніи дѣтей есть самое обычное явленіе, и дѣти чутки, и замѣчаютъ его сейчасъ же, и отвращаются, и развращаются. Правда есть первое, главное условіе дѣйствительности духовнаго вліянія и потому она есть первое условіе воспитанія. А чтобы не страшно было показать дѣтямъ всю правду своей жизни, надо сдѣлать свою жизнь хорошей или, во крайней мѣрѣ, менѣе дурной. И потому воспитаніе другихъ включается въ воспитаніе себя, и другого ничего не нужно.

* * *

Воспитаніе есть воздѣйствіе на сердце тѣхъ, кого мы воспитываемъ. Воздѣйствовать же на сердце можно только гипнотизаціей, которой такъ подлежатъ дѣти, — гипнотизаціей, заразительностью примѣра. Ребенокъ увидитъ, что я раздражаюсь и оскорбляю людей, что я заставляю другихъ дѣлать то, что самъ могу сдѣлать, что я потворствую своей жадности, похотямъ, что я избѣгаю труда для другихъ и ищу только удовольствія, что я горжусь и тщеславлюсь своимъ положеніемъ, говорю про другихъ злое, говорю за глаза не то, что говорю въ глаза, притворяюсь, что вѣрю тому, во что̀ не вѣрю, и тысячи и тысячи такихъ поступковъ или поступковъ обратныхъ: кротости, смиренія, трудолюбія, самопожертвованія, воздержанія, правдивости, — и заражается тѣмъ или другимъ во сто разъ сильнѣе, чѣмъ самыми краснорѣчивыми и разумными поученіями. И потому все или 0,999 воспитанія сводится къ примѣру, къ исправленію и совершенствованію своей жизни.

Такъ что то, съ чего вы начали внутри себя, когда мечтали объ идеалѣ, т. е. о добрѣ, достиженіе котораго несомнѣнно только въ себѣ, — къ тому самому вы приведены теперь при воспитаніи дѣтей извнѣ. То, чего вы хотѣли для себя, хорошенько не зная зачѣмъ, то теперь вамъ уже необходимо нужно для того, чтобы не развратить дѣтей.

Отъ воспитанія обыкновенно требуютъ и слишкомъ много, и слишкомъ мало. Требовать того, чтобы воспитываемые выучились тому-то и тому-то, образовались — какъ мы разумѣемъ образованіе — это невозможно, такъ же невозможно и то, чтобы они сдѣлались нравственными, какъ мы разумѣемъ это слово. Но совершенно возможно то, чтобы не быть самому участникомъ въ развращеніи дѣтей — (и въ этомъ не можетъ помѣшать ни женѣ мужъ, ни мужу жена), — а всей своей жизнью по мѣрѣ силъ своихъ воздѣйствовать на нихъ, заражая ихъ примѣромъ добра.

Я думаю, что не только трудно, но невозможно хорошо воспитать дѣтей, если самъ дуренъ; и что воспитаніе дѣтей есть только самосовершенствованіе, которому ничто не помогаетъ столько, какъ дѣти. Какъ смѣшны требованія людей, курящихъ, пьющихъ, объѣдающихся, не работающихъ и превращающихъ ночь въ день, о томъ, чтобы докторъ сдѣлалъ ихъ здоровыми, несмотря на ихъ нездоровый образъ жизни, такъ же смѣшны требованія людей научить ихъ, какъ, продолжая вести жизнь не нравственную, можно бы было дать нравственное воспитаніе дѣтямъ. Все воспитаніе состоитъ въ большемъ и большемъ сознаніи своихъ ошибокъ и исправленіи себя отъ нихъ. А это можетъ сдѣлать всякій и во всѣхъ возможныхъ условіяхъ жизни. И это же есть и самое могущественное орудіе, данное человѣку для воздѣйствія на другихъ людей, въ томъ числѣ и на своихъ дѣтей, которыя всегда невольно ближе всего къ намъ. Fais ce que dois, advienne que pourra — болѣе всего относится къ воспитанію.

* * *

Оба вопроса: о воспитаніи и объ отношеніи къ людямъ, сводятся въ одинъ вопросъ, именно въ послѣдній: какъ относиться къ людямъ не на словахъ только, а на дѣлѣ, имѣю ли я право владѣть какою-нибудь собственностью и защищать ее отъ своихъ братьевъ, имѣю ли я право подраздѣлять своихъ братьевъ на ведущихъ дурную жизнь и на ведущихъ хорошую? Если этотъ вопросъ рѣшенъ, и жизнь отца идетъ по такому или другому рѣшенію, то въ этой жизни отца и будетъ все воспитаніе дѣтей. А если рѣшеніе правильно, то отецъ и не введетъ соблазна въ жизнь дѣтей; если же нѣтъ, то будетъ обратное. Знаніе же, которое пріобрѣтутъ или не пріобрѣтутъ дѣти — это дѣло второстепенное и ни въ какомъ случаѣ не важное. Къ чему будутъ способности у ребенка, тому онъ научится, хотя бы жилъ въ захолустьи. То же, что принято называть образованіемъ, содержитъ больше чѣмъ на половину зла и обмана, и потому чѣмъ дальше отъ такого образованія (даваемаго во всѣхъ нашихъ заведеніяхъ), тѣмъ лучше для ребенка. Вопросъ, стало быть, весь въ томъ, какъ для себя рѣшитъ отецъ вопросъ практической жизни.

* * *

Разговаривалъ вчера о воспитаніи. Зачѣмъ родители отдаютъ дѣтей отъ себя въ гимназію? Мнѣ вдругъ ясно стало.

Если бы родители держали ихъ дома, они бы видѣли послѣдствія своей безнравственной жизни на своихъ дѣтяхъ. Они видѣли бы себя, какъ въ зеркалѣ, въ дѣтяхъ. Отецъ пьетъ вино за обѣдомъ съ друзьями, а сынъ въ кабакѣ. Отецъ на балѣ, а сынъ на вечеринкѣ. Отецъ ничего не дѣлаетъ, и сынъ тоже. А отдай въ гимназію, и завѣшано зеркало, въ которое себя видятъ родители.

* * *

Родители, живя развратной, невоздержанной въ пищѣ, праздной — въ неуваженіи къ людямъ — жизнью, всегда требуютъ отъ дѣтей воздержанія, дѣятельности, уваженія къ людямъ. Но языкъ жизни, примѣра далеко слышенъ и виденъ и ясенъ и большимъ, и малымъ, и своимъ, и инородцамъ.

* * *

Вѣдь дѣло въ томъ, что, выгодно ли, невыгодно ли для внѣшняго успѣха дѣла любовное (не насильственное) обращеніе съ учениками, вы не можете обращаться иначе. Одно, что можно сказать навѣрное, это то, что добро будитъ добро въ сердцахъ людей и навѣрное производитъ это дѣйствіе, хотя оно и не видно.

Одна такая драма, что вы уйдете отъ учениковъ, заплачете (если они узнаютъ), — одна такая драма оставитъ въ сердцахъ учениковъ большіе, болѣе важные слѣды, чѣмъ сотни уроковъ.

* * *

Ужасно то извращеніе разума, которому для своихъ личныхъ цѣлей подвергаютъ власти дѣтей во время ихъ воспитанія. Царство сознательнаго матерьялизма объясняется только этимъ. Ребенку внушаются такія безсмыслицы, что потомъ матеріалистическое, ограниченное, ложное пониманіе, не доведенное до своихъ выводовъ, обличающихъ невѣрность пониманія, представляется огромнымъ пріобрѣтеніемъ разума.

* * *

Человѣкъ всякій живетъ только за тѣмъ, чтобы проявить свою индивидуальность.

Воспитаніе (современное) стираетъ ее.

* * *

Сегодня былъ разговоръ о томъ, что мальчика съ порочными наклонностями выгнали изъ школы, и что хорошо бы его отдать въ исправительное заведеніе.

Совершенно то же, что дѣлаетъ человѣкъ, живущій дурно, вредной здоровью жизнью, который, когда его постигаетъ болѣзнь, обращается къ доктору, чтобы тотъ его вылѣчилъ, и въ мысляхъ не имѣетъ того, что болѣзнь его есть данный ему благодѣтельный указатель о томъ, что вся его жизнь дурна, и что надо измѣнить ее.

То же и съ болѣзнями нашего общества. Каждый больной членъ этого общества не напоминаетъ намъ того, что вся жизнь общества неправильна, и надо измѣнить ее, а мы думаемъ, что для каждаго такого больного члена есть или должно быть учрежденіе, избавляющее насъ отъ этого члена или даже исправляющее его.

Ничто такъ не мѣшаетъ движенію впередъ человѣчества, какъ это ложное убѣжденіе. Чѣмъ больнѣе общество, тѣмъ больше учрежденій для леченія симптомовъ, и тѣмъ меньше заботъ объ измѣненіи всей жизни.

* * *

Ужасно смотрѣть на то, что богатые люди дѣлаютъ съ своими дѣтьми.

Когда онъ молодъ и глупъ и страстенъ, его втянутъ въ жизнь, которая ведется на шеѣ другихъ людей, пріучатъ къ этой жизни, а потомъ, когда онъ связанъ по рукамъ и по ногамъ соблазнами, — не можетъ жить иначе, какъ требуя для себя труда другихъ, — тогда откроютъ ему глаза, (сами собой откроются глаза), — и выбирайся, какъ знаешь: или стань мученикомъ, отказавшись отъ того, къ чему привыкъ и безъ чего не можешь жить, или будь лгуномъ.

* * *

Дѣти еще тѣмъ хороши, что у нихъ нѣтъ дѣла, а они заняты только тѣмъ, какъ бы хорошо провести день. Такъ ихъ и воспитывать надо. А мы торопимся пріучать ихъ къ дѣлу, т. е. къ тому, чтобы, вмѣсто вѣчнаго дѣла передъ Богомъ и своей совѣстью, они бы дѣлали то дѣло, которое установлено какими-то людьми по уговору, какъ игра.

* * *

Если бы мнѣ дали выбирать: населить землю такими святыми, какихъ я только могу вообразить себѣ, но только, чтобы не было дѣтей; или такими людьми, какъ теперь, но съ постоянно прибывающими, свѣжими отъ Бога дѣтьми, — я бы выбралъ послѣднее.

* * *

Стоитъ заняться воспитаніемъ, чтобы увидѣть всѣ свои прорѣхи. А увидавъ, начинаешь исправлять ихъ. А исправить самого себя и есть наилучшее средство воспитанія своихъ и чужихъ дѣтей и большихъ людей.

Сейчасъ читалъ письмо N. о томъ, что медицинская помощь не представляется ему добромъ, — что продолженіе многихъ пустыхъ жизней на многія сотни лѣтъ гораздо менѣе важно, чѣмъ самое слабое *дутіе*, какъ онъ пишетъ (дуновеніе), на искру божеской любви въ сердцѣ другого. Вотъ въ этомъ *дутіи* и лежитъ все искусство воспитанія. А чтобы раздуть въ другихъ, надо раздуть въ себѣ.

* * *

Получилъ итальянскую книгу о преподаваніи церковнаго христіанства въ школѣ.

Прекрасная мысль о томъ, что преподавать религію есть насиліе, — тотъ соблазнъ дѣтей, про который говорилъ Христосъ. Какое право имѣемъ мы преподавать то, что оспариваемо огромнымъ большинствомъ: троицу, чудеса Будды, Магомета, Христа? Одно, что мы можемъ преподавать и должны, это нравственное ученіе.

* * *

Учитель разсказывалъ, что мальчикъ А. плохо учится, потому что не умѣетъ словами объяснить, написать ариѳметическую задачу. Я сказалъ, что требованіе объясненія есть требованіе безсмысленнаго заучиванія, — мальчикъ понялъ, но словъ не умѣетъ еще находить. Онъ согласился и сказалъ: „да, мы, учителя, обязаны формы даже давать заучивать. Напр., мы учимъ тому, что разсужденіе о задачѣ должно начаться со слова *если*". Если бы мнѣ сказали, что такъ учили въ Японіи 1000 лѣтъ тому назадъ, я бы съ трудомъ повѣрилъ, а это дѣлается у насъ свѣжими плодами университета.

* * *

Слово есть одно изъ самыхъ естественныхъ, распространенныхъ и легчайшихъ способовъ передачи мысли. Къ сожалѣнію оно же и самое обманчивое, и потому-то въ воспитаніи, при которомъ опаснѣе всего обманъ, и обманъ всегда легко раскрываемъ дѣтьми, самымъ дѣйствительнымъ и лучшимъ и исключающимъ возможность обмана — часто невольнаго — средствомъ всегда было и будетъ личный примѣръ жизни воспитателя... Примѣръ и своя жизнь включаетъ въ себя и слово. Примѣръ учитъ жить и говоритъ. Слово же не включаетъ въ себя примѣра.

* * *

Для того, чтобы воспитывать хорошо, надо жить хорошо передъ тѣми, которыхъ воспитываешь. И потому и въ вопросѣ о половомъ общеніи надо быть, насколько можешь, чистымъ и правдивымъ: если считаешь половое общеніе грѣхомъ и живешь цѣломудренно, можно и должно проповѣдовать цѣломудріе дѣтямъ; если стремишься къ цѣломудрію, но не достигаешь его, такъ и надо говорить дѣтямъ. Если же живешь нецѣломудренно и не можешь и не хочешь жить иначе, то невольно будешь скрывать это отъ дѣтей и не будешь имъ говорить про это. Такъ это и дѣлаютъ.

* * *

Воспитаніе есть послѣдствіе жизни. Обыкновенно предполагается, что люди извѣстнаго поколѣнія знаютъ, какими должны быть люди вообще, и потому могутъ ихъ готовить къ такому состоянію. Это совершенно несправедливо: люди, во-первыхъ, не знаютъ, какими должны быть люди, — могутъ, въ лучшемъ случаѣ, знать только идеалъ, къ которому имъ свойственно стремиться; а во-вторыхъ, люди воспитывающіе — сами никогда не готовы, не воспитаны, а сами, если они не мертвы, движутся и воспитываются.

И потому все воспитаніе сводится къ тому, чтобы самому жить хорошо, т. е. самому двигаться, воспитываться; только этимъ люди вліяютъ на другихъ, воспитываютъ ихъ, и тѣмъ болѣе на дѣтей, съ которыми они связаны.

Быть правдивымъ и честнымъ съ дѣтьми, не скрывая отъ нихъ того, что происходитъ въ душѣ, есть единственное воспитаніе.

Педагогика же есть наука о томъ, какимъ образомъ, живя дурно, можно имѣть хорошее влiянiе на дѣтей, въ родѣ того, что есть наша медицина, — какъ, живя противно законамъ природы, все-таки быть здоровымъ. Науки хитрыя и пустыя, никогда не достигающiя своей цѣли.

* * *

Дѣти говорили: „Родители говорятъ, какъ ихъ дѣти мучаютъ. Если бы они знали, какъ родители мучаютъ дѣтей: и кокетство, и ссоры, и недоброта, и неровность любви, несправедливость и всѣ пороки — тѣхъ, которые по представленiю дѣтей должны быть безупречны.

* * *

Постоянно приходится перекладывать то то, то другое сказанiе евангелiя вверхъ. Такъ теперь мнѣ особенно важно и дорого указанiе о святости дѣтей и о страшномъ грѣхѣ нашемъ соблазна ихъ, когда, не замѣчая того, дѣлаемъ уступки, кривимъ душой и не каемся, а еще оправдываемся.

* * *

Вѣдь если поставить себѣ задачей запутать человѣка такъ, чтобы онъ не могъ съ здравымъ умомъ выбраться изъ внушенныхъ ему съ дѣтства двухъ противоположныхъ мiровоззрѣнiй, то нельзя ничего придумать сильнѣе того, что совершается надъ всякимъ молодымъ человѣкомъ, воспитываемымъ въ нашемъ, такъ называемомъ, христiанскомъ обществѣ. Съ одной стороны его прiучаютъ къ тому, чтобы онъ все взвѣшивалъ, провѣрялъ критически, ничего бы не бралъ на вѣру, ему показываютъ, какъ суевѣрiя древности таятъ понемногу передъ свѣтомъ науки, какъ все, что знаетъ человѣкъ, должно быть основано на разумѣ, и рядомъ съ этимъ ему предлагаютъ вѣру, не только не имѣю-

шую никакихъ объясненій, но даже такую, основа-
нія которой, какъ догматъ Троицы и др., прямо
противорѣчатъ разуму.

* * *

Общественное воспитаніе, какъ оно ведется у
насъ, прямо направлено и очень искусно организо-
вано для нравственнаго извращенія дѣтей. И потому я считаю, что слѣдуетъ принести всевозмож-
ныя жертвы для того только, чтобы не подвергать
дѣтей этому извращенію. Но при теперешнемъ
устройствѣ школъ даже и жертвъ не приходится
приносить большихъ, такъ какъ преподаваніе въ
училищахъ ведется такъ плохо, что дома образо-
ванные родители могутъ дать въ болѣе короткое
время больше знаній. Все это я говорю въ томъ
случаѣ, если оба родителя согласны.

* * *

Жизнь наша, чтобы быть полной, непремѣнно
должна имѣть двѣ стороны: исполненіе самой жизни
для себя и воздѣйствіе на людей — для измѣненія
ихъ ложной жизни — проповѣдь.

У васъ обѣ стороны. Я говорю и думаю, и
про меня думаютъ, что я имѣю вліяніе на людей
проповѣдью: на всѣхъ языкахъ печатаютъ, читаютъ.
А у васъ дѣти, которыя въ сердцѣ вынесутъ всю
вашу душу, всѣ мысли лучшаго свойства и на
вѣки понесутъ ихъ въ міръ, передавая ихъ.

Моя дѣятельность трескучая и потому внѣшняя и
сомнительная, а ваша — на дѣтей — тихая, невид-
ная, подземная, но неудержимая, вѣчная, несомнѣн-
ная и безнаградная. Только бы религіозно относиться къ нимъ, помнить, что это живой божій
станокъ, изъ котораго не вырубишь топоромъ ничего изъ того, что вложишь въ нихъ. Меня Богъ
лишилъ этой дѣятельности...

... Большинство людей, не только далекихъ, но,

казалось бы, близкихъ по убѣжденіямъ, не оцѣнятъ
вашу жизнь, даже осудятъ ее; но дѣти, выросшіе
тутъ, только бы они всегда ощущали любовную
атмосферу, поймутъ, и въ нихъ все окупится.
Только какъ можно больше свободы имъ и просвѣщенія, разумѣется не гимназическаго, а христіан-
скаго. Какъ все это дѣлать, не знаю, потому что
не испыталъ, но вижу важность, значительность
этого дѣла. Вижу, что пустить на свѣтъ живого
человѣка просвѣщеннаго важнѣе сотенъ книжекъ.

* * *

Очень удивительно то оправданіе такой жизни,
которое часто слышишь отъ родителей. „Мнѣ
ничего не нужно, говоритъ родитель, мнѣ жизнь
эта тяжела, но, любя дѣтей, я дѣлаю это для нихъ".
Т. е., я несомнѣнно, опытомъ знаю, что наша
жизнь несчастлива, и потому ... я воспитываю дѣтей такъ, чтобы они были такъ же несчастливы, какъ
и я. И для этого я, по своей любви къ нимъ,
привожу ихъ въ полный физическихъ и нравствен-
ныхъ заразъ городъ, отдаю ихъ въ руки чужихъ
людей, имѣющихъ въ воспитаніи одну корыстную
цѣль, и физически, нравственно и умственно ста-
рательно порчу своихъ дѣтей. И это-то разсужденіе
должно служить оправданіемъ неразумной жизни
самихъ родителей!

* * *

Воспитаніе, передача знаній тогда настоящее,
когда передается важное, нужное содержаніе (нравственное ученіе) въ ясной, разумной, понятной
формѣ (наука) и такъ, что оно плѣняетъ, заража-
етъ, увлекаетъ своею искренностью того, кому
передается (искусство).

У насъ же нравственное религіозное ученіе передается неясно и неискренно — нашъ законъ
Божій; наука безъ нравственнаго содержанія пере-

дается опять отдѣльно; и искусство — только одна привлекательность — опять отдѣльно.

* *

Не могу радоваться рожденію дѣтей богатыхъ сословій — разводятся дармоѣды.

* *

Всякаго ребенка изъ достаточныхъ классовъ самимъ воспитаніемъ ставятъ въ положеніе подлеца, который долженъ нечестною жизнью добывать себѣ по крайней мѣрѣ 500 руб. въ годъ.

* *

Я сначала думалъ, что то, что способность учиться есть признакъ тупости, есть парадоксъ, но въ особенности не вѣрилъ этому потому, что я дурно учился, — но теперь я убѣдился, что это правда и не можетъ быть иначе. Для того чтобы воспринимать чужія мысли, надо не имѣть своихъ.

Сомнамбулы учатся лучше всѣхъ.

* *

Для меня уже давно положеніе о томъ, что также, какъ не только не полезно, но всегда вредно наполнять желудокъ, не требующій пищи, такъ же безполезно и всегда вредно передавать знанія насильно, а не въ видѣ удовлетворенія требованій учащагося, — уже давно положеніе это стало несомнѣнной истиной, и я радъ встрѣтить эту же основную истину въ ученіи Шульца.

* *

Ужаснѣе тѣхъ преступленій, которыя совершаются въ этихъ вертепахъ,*) ничего нельзя себѣ представить. Тутъ, въ этихъ мѣстахъ не только закрѣпляются всѣ тѣ ужасы, истязанія, убійства, грабежи, которые совершаются въ мірѣ, но прямо самымъ наглымъ образомъ равномѣрно губятся души всѣхъ подростающихъ молодыхъ людей...

* *

---

*) Военно-учебныя заведенія. *Ред.*

Хорошо ли женское образование? Хорошо. А хорошо ли курсы? Скверно. Отчего? Оттого что они, какъ всякая школа, ставятъ людей въ положеніе особенно воспріимчивое къ гипнозу. Всѣ школы — это усыпленіе. Настоящее, не вредное образованіе пріобрѣтаетъ каждый только одинъ, т. е. не одинъ, а съ Богомъ.

* * *

Есть три отрасли педагогическія, потому что есть три рода мышленія: 1) логическій, 2) опытный 3) художественный. Науки, изученіе есть не что иное, какъ усвоеніе того, что думали до насъ умные люди. Умные люди думали всегда въ этихъ трехъ родахъ: или дѣлали логическіе выводы изъ положенія мысли; или наблюдали и, отдѣливъ наблюдаемое явленіе отъ всѣхъ другихъ, дѣлали выводы о причинахъ и слѣдствіяхъ явленій; или описывали то, что видѣли, знали, воображали. Короче: 1) мыслили, 2) наблюдали и 3) выражали. И потому три рода наукъ: 1) математическія, 2) опытныя и 3) языки.

* * *

Отыскивая причину зла въ мірѣ, я все углублялся. Сначала причиной зла я представлялъ себѣ злыхъ людей, потомъ дурное общественное устройство, потомъ то насиліе, которое поддерживаетъ это дурное устройство, потомъ участіе въ насиліи тѣхъ людей, которые страдаютъ отъ него, — войска, потомъ отсутствіе религіи въ этихъ людяхъ и, наконецъ, пришелъ къ убѣжденію, что корень всего — религіозное воспитаніе. И потому, чтобы исправить зло, надо — не смѣнять людей, не нарушать насилія, не отговаривать людей отъ участія въ насиліи и даже не опровергать ложную и излагать истинную религію, — а только *воспитывать дѣтей въ истинной религіи.*)

---

*) Курсивъ нашъ. *Ред.*

III.*)

Съ того самаго времени, — 20 лѣтъ тому назадъ, — какъ я ясно увидалъ, какъ должно и можетъ счастливо жить человѣчество, и какъ безсмысленно оно, мучая себя, губитъ поколѣнія за поколѣніями, — я все дальше и дальше отодвигалъ коренную причину этого безумія и этой погибели.

Сначала представлялось этой причиной ложное экономическое устройство; потомъ — государственное насиліе, поддерживающее это устройство; теперь же я пришелъ къ убѣжденію, что основная причина всего — это ложное религіозное ученіе, передаваемое воспитаніемъ.

Мы такъ привыкли къ этой религіозной лжи, которая окружаетъ насъ, что не замѣчаемъ всего того ужаса, глупости и жестокости, которыми переполнено ученіе церкви. — Мы не замѣчаемъ; но дѣти замѣчаютъ, и души ихъ неисправимо уродуются этимъ ученіемъ. Вѣдь стоитъ только ясно понять то, что мы дѣлаемъ, обучая дѣтей такъ называемому закону Божью, для того, чтобы ужаснуться на страшное преступленіе, совершаемое такимъ обученіемъ.

*) См. „О религіозномъ воспитаніи" въ „Листкахъ Свободнаго Слова" № 12, 1900 г.

Чистый, невинный, необманутый еще и еще не обманывающий ребенокъ приходитъ къ вамъ, къ человѣку, пожившему и обладающему или могущему обладать всѣмъ знаніемъ, доступнымъ въ наше время человѣчеству, и спрашиваетъ о тѣхъ основахъ, которыми долженъ человѣкъ руководиться въ этой жизни. И что же мы отвѣчаемъ ему? Часто даже не отвѣчаемъ, а предваряемъ его вопросы, такъ чтобы у него уже былъ готовъ внушенный отвѣтъ, когда возникнетъ его вопросъ.

Мы отвѣчаемъ ему на эти вопросы грубой, несвязной, часто просто глупой и, главное, жестокой еврейской легендой, которую мы передаемъ или въ подлинникѣ или, еще хуже, своими словами. Мы разсказываемъ ему, — внушая ему, что это — святая истина, — то, что, мы знаемъ, не могло быть, и что не имѣетъ для насъ никакого смысла, — что 6000 лѣтъ тому назадъ какое то странное, дикое существо, которое мы называемъ богомъ, вздумало сотворить міръ, сотворило его и человѣка, и что человѣкъ согрѣшилъ, злой богъ наказалъ его и всѣхъ насъ за это, потомъ выкупилъ у самого себя смертью своего сына; и что наше главное дѣло состоитъ въ томъ, чтобы умилостивить этого бога и избавиться отъ тѣхъ страданій, на которыя онъ обрекъ насъ.

Намъ кажется, что это ничего и даже полезно ребенку, и мы съ удовольствіемъ слушаемъ, какъ онъ повторяетъ всѣ эти ужасы, не соображая того страшнаго переворота, — незамѣтнаго намъ, потому что онъ духовный, — который при этомъ совершается въ душѣ ребенка. Мы думаемъ, что душа ребенка чистая доска, на которой можно написать все, что хочень.

Но это неправда, у ребенка есть смутное представленіе о томъ, что есть то начало всего, та причина его существованія, и сила, во власти которой онъ находится; и онъ имѣетъ то самое высокое, неопределенное и не выразимое словами, но сознаваемое всѣмъ существомъ представленіе объ этомъ началѣ, которое свойственно разумнымъ людямъ. И вдругъ вмѣсто этого ему говорятъ, что начало это есть не что иное, какъ какое-то личное, самодурное и страшное злое существо — еврейскій богъ.

У ребенка есть смутное и вѣрное представленіе о цѣли этой жизни, которую онъ видитъ въ счастіи, достигаемомъ любовнымъ общеніемъ людей. Вмѣсто этого ему говорятъ, что общая цѣль жизни есть прихоть самодурнаго бога, а что личная цѣль каждаго человѣка — это избавленіе себя отъ заслуженныхъ кѣмъ-то вѣчныхъ наказаній, мученій, которыя этотъ богъ наложилъ на всѣхъ людей.

У всякаго ребенка есть и сознаніе того, что обязанности человѣка очень сложны и лежатъ въ области нравственной. Ему говорятъ вмѣсто этого, что обязанности его лежатъ преимущественно въ слѣпой вѣрѣ, въ молитвахъ — произнесеніи извѣстныхъ словъ въ извѣстное время, въ глотаніи окрошки изъ вина и хлѣба, которая должна представлять кровь и тѣло бога.

Не говоря уже объ иконахъ, чудесахъ, безнравственныхъ разсказахъ библіи, передаваемыхъ, какъ образцы поступковъ, такъ-же какъ и объ евангельскихъ чудесахъ и обо всемъ безнравственномъ значеніи, которое придано евангельской исторіи. Вѣдь это все равно, какъ если бы кто-нибудь составилъ изъ цикла русскихъ былинъ съ Добрыней, Дюкомъ и др., съ прибавленіемъ къ нимъ Еруслана Лазаревича, цѣльное ученіе и преподавалъ его дѣтямъ, какъ разумную исторію.

Намъ кажется, что это неважно, а между тѣмъ то преподаваніе, такъ называемаго, закона Божія дѣтямъ, которое совершается среди насъ, есть самое ужасное преступленіе, которое можно только представить себѣ. Истязаніе, убійство, изнасилованіе дѣтей — ничто въ сравненіи съ этимъ преступленіемъ.

Правительству, правящимъ, властвующимъ классамъ нуженъ этотъ обманъ: съ нимъ неразрывно связана ихъ власть, и потому правящіе классы всегда стоятъ за то, чтобы этотъ обманъ производился надъ дѣтьми и поддерживался бы усиленной гипнотизаціей надъ взрослыми. Людямъ же, желающимъ не поддержанія ложнаго общественнаго устройства, а, напротивъ, измѣненія его, и, главное, желающимъ блага тѣмъ дѣтямъ, съ которыми они входятъ въ общеніе, — нужно всѣми силами стараться избавить дѣтей отъ этого ужаснаго обмана.

И потому совершенное равнодушіе дѣтей къ религіознымъ вопросамъ и отрицаніе всякихъ религіозныхъ формъ, безъ всякой замѣны какимъ-либо положительнымъ религіознымъ ученіемъ, все-таки несравненно лучше еврейско-церковнаго обученія хотя бы въ самыхъ усовершенствованныхъ формахъ.

Мнѣ кажется, что для всякаго человѣка, понявшаго все значеніе передачи ложнаго ученія за священную истину, не можетъ быть и вопроса о томъ, что ему дѣлать, хотя бы онъ и не имѣлъ никакихъ положительныхъ религіозныхъ убѣжденій, которыя онъ бы могъ передать ребенку. Если я знаю, что обманъ — обманъ, то ни при какихъ условіяхъ я не могу говорить ребенку, наивно, довѣрчиво спрашивающему меня, что извѣстный мнѣ обманъ есть священная истина. Было бы лучше, если бы я могъ отвѣтить правдиво на всѣ тѣ вопросы, на которые такъ лживо отвѣчаетъ церковь; но если я и не могу этого, я все-таки не долженъ выдавать завѣдомую ложь за истину, несомнѣнно зналъ, что отъ того, что я буду держаться истины, ничего, кромѣ хорошаго, произойти не можетъ. Да кромѣ того — несправедливо то, чтобы человѣкъ не имѣлъ, бы чего сказать ребенку, какъ положительную религіозную истину, которую онъ исповѣдуетъ. Вся кій искренній человѣкъ знаетъ то хорошее, но имя чего онъ живетъ. Пускай онъ скажетъ это ребенку, или пусть покажетъ это ему, и онъ сдѣлаетъ добро и навѣрное не повредитъ ребенку.

Я написалъ книжку, называемую „Христіанское ученіе“, въ которой я хотѣлъ сказать какъ можно проще и яснѣе то, во что я вѣрю. Книга эта вышла недоступною для дѣтей, хотя я имѣлъ въ виду именно дѣтей, когда писалъ ее.

Если же бы мнѣ нужно было сейчасъ передать ребенку сущность религіознаго ученія, которое я считаю истиной, я бы сказалъ ему: что мы пришли въ этотъ міръ и живемъ въ немъ не по своей волѣ, а по волѣ того, что мы называемъ Богомъ, и что, поэтому, намъ будетъ хорошо только тогда, когда мы будемъ исполнять эту волю. Воля же состоитъ въ томъ, чтобы мы всѣ были счастливы. Для того же, чтобы мы всѣ были счастливы, есть только одно средство: надо, чтобы каждый поступалъ съ другими такъ, какъ онъ желалъ бы, чтобы поступали съ нимъ.

На вопросы же о томъ, какъ произошелъ міръ, что ожидаетъ насъ послѣ смерти? Я отвѣчалъ бы на первый, признаніемъ своего невѣдѣнія и неправильности такого вопроса (во всемъ буддійскомъ мірѣ не существуетъ этого вопроса); на второй же, отвѣчалъ бы предположеніемъ о томъ, что воля призвавшаго насъ въ эту жизнь для нашего блага ведетъ насъ куда-то черезъ смерть, — вѣроятно, для той же цѣли.

Москва, 13-го декабря 1899 г.

(V.*)

Когда я училъ въ школѣ, я еще не уяснилъ себѣ своего отношенія къ церковному ученію, но, не приписывая ему важности, избѣгалъ говорить о немъ съ учениками, и читалъ съ ними библейскія исторіи и Евангеліе, обращая преимущественно вниманіе на нравственное ученіе и отвѣчалъ всегда искренно на всѣ вопросы, которые они задавали мнѣ.

Если спрашивали о чудесахъ, я говорилъ, что не вѣрю въ нихъ.

Теперь же, много перемучившись въ исканіи правды и руководства въ жизни, я пришелъ къ тому убѣжденію, что наше церковное ученіе есть безсовѣстная и вредная ложь, и преподаваніе его дѣтямъ есть величайшее преступленіе.

Сказать ребенку, который у меня, стараго человѣка, ищетъ помощи и указанія о томъ, какъ ему понимать свою жизнь, источникъ ея и отношеніе его къ этому источнику и къ міру, — что Богъ сотворилъ 6000 лѣтъ тому назадъ въ 6 дней міръ и Адама и потомъ отдыхалъ, и что Адамъ согрѣшилъ, и чтобы поправить дѣло, надо было сына Бога послать въ міръ, чтобы его убили, и всѣ тѣ ужасныя, кощунственныя утвержденія церкви, которыя разрушаютъ окончательно въ ребенкѣ всякую возможность представленія о Богѣ — духѣ любви, источникѣ жизни и внушаютъ ему ужасныя поня-

*) См. „Письмо къ дѣятелю по народной школѣ" въ „Свободномъ Словѣ" № 3, 1902 г.

тія мести, искушенія, награды, казни, невозможности
своими силами совершенствоваться.... и всѣ другія
церковныя лжи, какъ бы нарочно придуманныя для
развращенія чистаго дѣтскаго ума и сердца, — сказать это просящему истины ребенку есть ужаснѣйшее, хуже физическаго растлѣнія, преступленіе.
Такъ я смотрю теперь на церковное преподаваніе.

Несмотря на полную мою убѣжденность въ этомъ,
я и теперь, если бы былъ учителемъ, не сталъ бы
внушать этого дѣтямъ, уважая свободу ихъ и ихъ
родителей, считающихъ эту ложь святыней. Но
какъ и прежде, хотя и избѣгалъ бы прямыхъ разговоровъ объ этомъ, всякій разъ, когда бы дѣти
обращались ко мнѣ съ вопросомъ, отвѣчалъ бы имъ
вполнѣ правдиво все то, что я думаю объ этихъ
предметахъ. Такъ я теперь поступаю съ взрослыми
и дѣтьми.

Истина есть всегда святыня. И нигдѣ такъ не
преступно нарушеніе этой святыни, какъ при воспитаніи: „Богу надо служить въ духѣ и истинѣ",
„Я есмь путь, истина и жизнь".

Такъ вотъ все, что я могу отвѣтить на вашъ
вопросъ: считайте своей священной обязанностью,
избѣгая какого-либо религіознаго поученія, отвѣчать всегда всю правду на религіозные вопросы
учениковъ.

Если же у васъ нѣтъ еще ясныхъ отвѣтовъ на
ихъ вопросы, то постарайтесь выработать ихъ, сначала самъ себѣ, а потомъ и для нихъ. Если же
не знаете, то скажите, что не знаете.

И этотъ отвѣтъ будетъ не только плодотворнѣе,
чѣмъ отвѣтъ, почерпнутый изъ катехизиса, но отвѣтъ „не знаю" будетъ святъ, потому что правда,
отвѣтъ же изъ катехизиса будетъ преступленіе,
потому что будетъ произведеніемъ отца лжи, по
слову Евангелія.

———————

ИЗДАНІЯ „СВОБОДНАГО СЛОВА".

A. Tchertkoff, Christchurch, Hants, England

		Р. К.
1.	Напрасная Жестокость. В. Черткова.	— 10
2.	Голосъ Древней Церкви. И. Трегубова. (Распрод.)	— 12
3.	Помогите! Обращеніе къ обществу. П. Бирюкова, И. Трегубова и В. Черткова.	— 12
4.	Положеніе духоборовъ на Кавказѣ въ 1896 г. П. Бирюкова и В. Черткова.	— 20
5.	Письма Петра Васильевича Ольховика.	— 30
6.	Какъ читать Евангеліе, и въ чемъ его сущность? Л. Н. Толстого. (2-ое изданіе.)	— 12
7.	Приближеніе Конца. Л. Н. Толстого.	— 12
8.	Объ отношеніи къ государству. (2-ое изданіе.) (3 письма: къ либераламъ и друг.) Л. Н. Толстого.	— 20
9.	Царство Божіе внутри васъ. Его же.	1 —
10.	Христіанское ученіе. (2-ое изданіе.) Его же.	— 50
11.	Гдѣ братъ твой? В. Черткова. (Распродано)	— 20
12.	Голодъ или не голодъ? Л. Н. Толстого.	— 10
13.	Мой отказъ отъ военной службы. А. Шкарвана.	— 60
14.	Свободное Слово, № 1. (Распродано)	1 —
15.	Листки Свободнаго Слова, № 1. Повременное изданіе подъ редакціей В. Черткова. (Распродано).	— 20
16.	Листки Свободнаго Слова, № 2.	— 20
17.	Жизнь и смерть Е. Н. Дрожжина Составилъ Е. Поповъ, съ послѣсловіемъ Л. Н. Толстого.	— 60
18.	Николай Палкинъ. — Работникъ Емельянъ и пустой барабанъ. Дорого стоитъ. Л. Н. Толстого.	— 20
19.	Свободное Слово, № 2.	1 —
20.	Листки Свободнаго Слова, № 3.	— 30
21.	Воскресеніе. Романъ Л. Н. Толстого. Четвертое изданіе. Съ иллюстраціями. Въ переплетѣ.	5 —
	Пятое изданіе. Въ одномъ томѣ.	1 50
22.	Листки Свободнаго Слова, № 4. „Стыдно". Л. Н. Толстого.	— 5
23.	Листки Свободнаго Слова, № 5. Письмо къ фельдфебелю. Л. Н. Толстого.	— 8
24.	Листки Свободнаго Слова, № 6. О манифестахъ въ пользу мира.	— 15
25.	Листки Свободнаго Слова, № 7. Мысли Герцена.	— 5
26.	Листки Свободнаго Слова, № 8. Свѣдѣнія изъ современной жизни въ Россіи.	— 20
27.	Листки Свободнаго Слова, № 9. Свѣдѣнія изъ современной жизни въ Россіи.	— 20
28.	О сложеніи оружія. Разсказъ Н. Зибарова.	— 20
29.	Студенческое движеніе 1899 г. Сборникъ подъ редакціей А. и В. Чертковыхъ. (2-ое изданіе.)	— 30
30.	Листки Свободнаго Слова, № 10. По поводу студенческаго движенія В. Черткова. (Распродано)	— 10

53. Матеріалы къ исторіи и изученію русскаго сектантства. Выпускъ 4-ый. Духоборы въ дисциплинарныхъ батальонахъ. (Печатается).
54. Матеріалы къ исторіи и изученію русскаго сектантства. Выпускъ 5-ый. Духоборы въ тюрьмахъ. (Печатается).
55. Листки Свободнаго Слова, № 19. О современныхъ волненіяхъ въ Россіи. — 40
56. О смыслѣ жизни. *Мысли Л. Н. Толстого.* — 40
57. Листки Свободнаго Слова, № 20. Царю и его помощникамъ. *Обращеніе Л. Н. Толстого.* — 15
58. Листки Свободнаго Слова, № 21. Изъ современной жизни въ Россіи. — 40
59. Листки Свободнаго Слова, № 22. Отвѣтъ Синоду Льва Николаевича Толстого. — 15
60. Листки Свободнаго Слова, № 23. За свободу совѣсти и слова. Изъ современной жизни въ Россіи. — 40
61. Изложеніе Евангелія. Съ примѣчаніями, взятыми изъ книги „Соединеніе и переводъ 4-хъ Евангелій". *Л. Н. Толстого.* 1 50
62. О половомъ вопросѣ. *Мысли Л. Н. Толстого.* — 50
63. Унитаріанское христіанство. Переводъ съ англійскаго подъ редакціей *В. Черткова.* — 25
64. О вѣчномъ и преходящемъ въ религіи. Переводъ съ англійскаго подъ редакціей *В. Черткова.* — 25
65. Альбомъ художественныхъ иллюстрацій Л. О. Пастернака къ роману Л. Н. Толстого „Воскресеніе". 1 60
66. Листки Свободнаго Слова, № 24. Единственное средство. *Л. Н. Толстого.* — 30
67. Каталогъ изданій „Свободнаго Слова". Съ содержаніемъ. (Разсылается безплатно).
68. Отчетъ издательства „Свободное Слово" за 1901 годъ. (Разсылается безплатно).
69. Матеріалы къ исторіи и изученію русскаго сектантства. Выпускъ 6-ой. Преслѣдованіе баптистовъ. — 75
70. Полное собраніе сочиненій Л. Н. Толстого, запрещенныхъ русской цензурой. Томъ I. Вступленіе къ Критикѣ Догматическаго Богословія. (Исповѣдь). (Томъ VII „Въ чемъ моя вѣра" печат.) — 75
71. О разумѣ, вѣрѣ и молитвѣ. Три письма *Л. Н. Толстого.* — [illegible]
72. О вѣротерпимости. *Л. Н. Толстого.* — 15
73. Солдатская памятка. *Его же.* — 15
74. Офицерская памятка. *Его же.* — 15
75. Что такое религія и въ чемъ сущность ея? *Его же.* — 50

„Свободное Слово". Періодическое обозрѣніе. Вышли 3 номера. Цѣна каждаго номера — 40

БѢЛЬГІЯ (Belgique).

Librairie Néerlandaise. Directeur L. H. Smeding. 50, Marché
[St. Jacques, Anvers.

ДАНІЯ (Danmark).

A. Host & Son. Librairie. 35, Bredgate, Copenhague.

ИТАЛІЯ (Italie).

Libreria Spithöver. Rome.
Loescher & C°. Librairie. Rome.
Modes & Mendel. Rome.
F. Diemer. Librairie international. San Remo.

СЕРВІЯ (Serbia).

Mita Staitch. Knizarne. Belgrad.

АЗІЯ (Asie).

Max Nössler. Schanghaï. Chine.
Kely & Walsk, Ltd. Schanghaï. Chine.
„   „   „   „   Jokohama. Japan.
„   „   „   „   Singapore.

АМЕРИКА (Amerique).

M. N. Maisel. Bookseller. 170, Henry Street. NewYork. U. S. A.
B. Kreidman. 516 E. 12-th Street. New York City. U. S. A.
A. Wasserman. 29, Clinton Street. New York City. U. S. A.

АФРИКА (Afrique).

The „Spynx" Bookselling C°. J. & I. Horn. Port-Said.
„The Colonial Book & News Stores". Port-Said.
Horn Brothers. Port-Said.

---

*Лицъ, живущихъ за границей, просимъ при выпискѣ нашихъ
изданій имѣть въ виду, что 2 рубля равняются 2 шил. 1 пен.
(Англія); 2 фр. 50 сан. (Франція, Швейцарія, Бельгія, Болгарія,
Сербія); 2 лир. (Италія); 2 марк. 10 пф. (Германія); 2 кр. 56 гел.
(Австрія); 50 центъ (Сѣверная Америка). Просимъ высылать
деньги при заказахъ соотвѣтственно этой оцѣнкѣ заказными
письмами по адресу:* A. Tchertkoff. Christchurch, Hants, England.

Dépôt général pour les libraires continentals:

EUGÈNE DIEDERICHS, LEIPZIG

www.ingramcontent.com/pod-product-compliance
Lightning Source LLC
Chambersburg PA
CBHW081304040426
42452CB00014B/2648